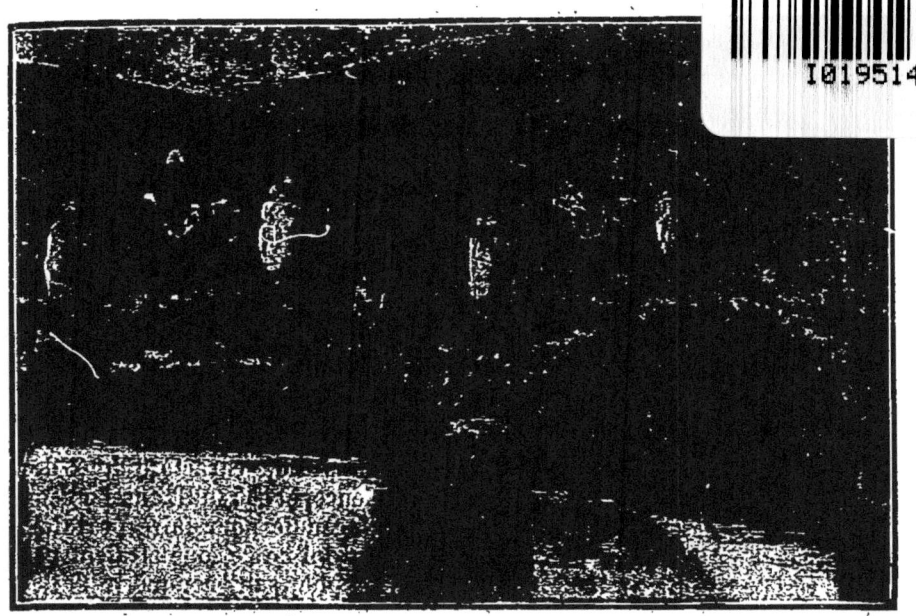

PASSAGE D'UN PONT EN « FILANJANA ».

LES FRANÇAIS A MADAGASCAR

I

Par sa situation géographique et par ses dimensions insulaires, Madagascar, appelée aussi la Grande-Terre, est la reine de l'océan Indien. Dominant, à l'entrée de la mer des Indes, à la fois le passage du cap de Bonne-Espérance, le canal de Mozambique et le détroit de Bab-el-Mandeb, cette île, clef des deux routes de l'Inde, est une des plus importantes du globe. Située à vingt jours de Paris par le canal de Suez, elle occupe un territoire dont la superficie surpasse d'environ un douzième celle de la France. Vue de la mer, elle offre, dans le lointain, l'aspect d'un vaste amphithéâtre de montagnes superposées qui sont comme les échelons des chaînes principales. Ces échelons forment une sorte d'escalier colossal de verdure où la pensée émerveillée monte involontairement, de marche en marche, des bords de la mer jusqu'aux plateaux supérieurs.

Madagascar a été découverte au seizième siècle par des Portugais, mais on croit que, bien longtemps auparavant, les Carthaginois l'avaient colonisée. En 1548, les premiers Européens qui voulurent s'y établir, missionnaires et colons envoyés par le Portugal, y furent massacrés. Cet essai malheureux découragea le gouvernement de Lisbonne, qui abandonna ses visées sur l'île. La France lui succéda dans cette entreprise. Dès le début du dix-septième siècle, des Normands, entre autres François Canche, de Dieppe, abordèrent à la Grande-Terre, mais sans s'y établir. Nos premières tentatives de colonisation n'y datent que de la création de la *Société de l'Orient*, fondée sous les auspices de Richelieu. Pronis et

Fauquembourg se fixèrent, avec quelques hommes, dans le village de Manghafia (baie de Sainte-Luce), où ils furent aussitôt décimés par les fièvres. La colonie quitta ce lieu malsain pour aller construire, dans la presqu'île de Tholangare, un port qui devint, dans la suite, Fort-Dauphin. Pronis prit aussi possession, au nom du roi, de Sainte-Marie, de la baie d'Antongil, de Fénériffe et de Manahar. Pronis avait de l'initiative et de l'audace, mais c'était le pire des administrateurs; il compromit tous les avantages acquis en prodiguant inutilement l'or et le sang de la France dans des guerres inopportunes contre les naturels, auxquels il ne fit qu'inspirer la haine de l'étranger. Il fut remplacé, en 1648, par Etienne de Flacourt, qui rétablit l'ordre et fit respecter l'autorité. Flacourt aurait pu rendre la colonie prospère, s'il avait été secondé par Mazarin, qui se désintéressa complètement de Madagascar. Le nouveau commandant général de l'île eut le tort de ne pas tenir compte du caractère doux des Malgaches. Il confondit l'énergie avec la violence, et se rendit aussi odieux que son prédécesseur, en semant partout l'incendie pour faire prévaloir la force, et en livrant aux supplices tous ceux qui ne se soumettaient pas sans résistance. Ce système de terreur triompha, sans conquérir l'attachement réel des natifs. Aussi, quand, après le départ de Flacourt, le commandement de l'île échut, pour la seconde fois, à Pronis, rappelé à ce poste par le maréchal de la Meilleraie, qui avait obtenu la concession de Madagascar, les désordres recommencèrent-ils en provoquant de nouveaux massacres. Les lieutenants de Pronis, qui lui succédèrent à sa mort, ne gouvernèrent que par le carnage. Les indigènes usèrent de représailles sanglantes. Les Français ne durent leur salut qu'à un colon, La Case, qui avait épousé la fille d'un chef malgache. Mais la paix rétablie, grâce à cette intervention, n'empêcha point les naturels de tuer un missionnaire chrétien, le Père Étienne. Le commandant de Champmagou voulut venger cet acte et ne parvint qu'à rendre les hostilités plus acharnées. La *Société de l'Orient* traîna péniblement son existence. Son privilège cessait en 1664; il ne fut pas renouvelé. Colbert le fit donner à la Compagnie des Indes orientales. Madagascar prit la dénomination d'île Dauphine ou de France orientale. Ces changements de nom et d'administration n'eurent toutefois aucune influence sur la conduite des affaires de la colonie. Elle vit s'inaugurer une autre ère de désastres, et ce fut tout. Comme un feu qui couve sous la cendre, la haine jurée par les Malgaches aux Français n'attendait qu'une occasion d'éclater. Un événement fortuit déchaîna les passions et les colères. En 1672, pendant la nuit de Noël, les indigènes assaillirent les colons réunis dans l'église et en firent une tuerie générale. Quelques-uns purent se réfugier à l'île Bourbon. Ce fut la fin du second établissement des Français à Madagascar.

II

Il y eut un intervalle de cent ans entre cette date lugubre des « vêpres malgaches » et les nouvelles tentatives de la France pour recouvrer ses droits sur l'île. C'est en 1773 seulement que le duc de Choiseul reprit les grands desseins de Richelieu, en confiant au comte hongrois Maurice Benyowski la mission de fonder un grand établissement dans la baie d'Antongil. La vie de Benyowski n'avait été jusqu'alors qu'une succession d'aventures romanesques. Après avoir couru le monde, guerroyant, se faisant exiler, interner ou déporter, il était venu à Paris, où son nom et ses prouesses occupèrent les esprits frivoles de l'époque. Le duc d'Aiguillon crut rencontrer en lui l'homme capable de relever le drapeau français dans la France orientale. Benyowski s'acquitta de cette tâche difficile avec une habileté et une vaillance dignes d'admiration. Il construisit des forts, établit des postes, assura la défense de la côte orientale, explora le pays, fit des routes, des canaux, se concilia l'alliance des chefs indigènes de l'Est, tint en respect les Sakalaves du Nord et conquit un tel prestige que plusieurs tribus de naturels le choisirent pour roi. Il fut le Mahé de la Bourdonnais de Madagascar, mais, comme la Bourdonnais, l'envie conjura sa perte, la calomnie l'accabla d'accusations mensongères. Appelé à Paris, il s'y justifia, fut accueilli avec enthousiasme par ses nombreux partisans et leur exposa ses projets, qui ne reçurent pas la ratification royale. Dix ans après, Benyowski retourna avec quelques aventuriers américains à Antongil. Le gouverneur de l'île de France s'opposa, par ordre, à sa restauration. Benyowski résista, enfermé dans le fort de Mauritina avec deux blancs et une poignée d'indigènes. Pendant l'action, une balle atteignit le roi de Madagascar et le tua.

III

De 1642, année de la fondation de Fort-Dauphin, jusqu'en 1786, date de la mort de Benyowski, les établissements français de Madagascar avaient été tour à tour occupés, abandonnés et réoccupés sans aucun esprit de suite. Cette politique se poursuivit sous la Révolution; mais le dix-neuvième siècle devait être plus favorable aux plans de colonisation. Napoléon Ier s'y intéressa dès 1804 et chargea Sylvain Roux de faire une expédition à Madagascar. Cette entreprise fut conduite avec vigueur; mais la chute de l'Empire en arrêta les progrès et la fit avorter définitivement.

Sous la Restauration, la perte de l'île de France nous avait dépourvus de tout point de relâche à l'est du cap de Bonne-Espérance, l'île Bourbon n'offrant pas de ravitaillement. Dans ces conditions, il devenait indispensable pour la France de tirer parti de Madagascar. En 1819, une nouvelle expédition fut confiée à Sylvain Roux, qui arbora notre pavillon dans l'île. Ce fut alors que les Anglais suscitèrent des embarras à la France. Un changement politique considérable venait de modifier la situation intérieure de la Grande-Terre. Le grand chef de Tananarive, Dianampouine, avait un digne héritier de sa politique ambitieuse dans son fils Radama, qui ne cherchait qu'un appui pour réaliser sa pensée de s'emparer de l'île entière. Il le trouva dans le gouverneur anglais de Maurice, sir Robert Farquhar, dont l'agent James Hastie, sergent anglais, ancien précepteur des deux frères de Radama, sut habilement se concilier l'amitié du roi des Hovas et de ses conseillers. Bientôt Radama signa un traité d'alliance avec les Anglais. Sir Robert Farquhar s'empressa, dès ce moment, de travailler à l'organisation militaire des Hovas, à la propagation religieuse par les missionnaires, à la colonisation industrielle par les ouvriers anglais.

Sylvain Roux s'était retiré, avec les débris de sa colonie, dans l'île

Sainte-Marie et dans l'îlot Madame. L'Angleterre revendiquant des droits de propriété non seulement sur Madagascar, mais sur ses dépendances, le gouverneur de Bourbon dut céder à ces injonctions et ordonner à Sylvain Roux de s'y soumettre. Radama, instrument des Anglais, déclara nulle toute cession de territoire qui n'aurait pas été ratifiée par lui. C'était le cas de Foulepointe. Un corps de Hovas, commandé par des officiers anglais, fit main basse sur ce grand village, situé près de la mer et où les Français avaient un fort. Les mêmes faits se renouvelèrent à Fort-Dauphin, où la petite garnison de six Français soutint l'assaut pendant plusieurs semaines, en attendant les ordres du gouverneur de Bourbon, M. de Freycinet, qui fut obligé de la laisser tomber au pouvoir des assiégeants, tandis qu'on arrachait le pavillon français. L'influence anglaise, s'appuyant sur Radama, devint maîtresse à Madagascar : commerce, navigation, culture des terres, tout lui appartint.

IV

Sur ces entrefaites, un grand événement se produisit : Radama mourut le 24 juillet 1828, et les Hovas proclamèrent reine sa femme, qui prit le nom de Ranavalo Ire. Une réaction terrible eut lieu contre la politique et les partisans de Radama; le sang coula, plusieurs de ses parents furent massacrés; le résident anglais, Lyall, aurait péri également s'il n'avait trouvé un abri à Maurice. Le gouvernement de Charles X profita de cette situation pour envoyer une flottille française devant Tamatave, sous le commandement de l'amiral Goubeyre, avec ordre de faire valoir les droits de la France. Son ultimatum étant resté sans réponse, Tamatave fut bombardée. Ranavalo demanda la paix. Les négociations traînèrent en longueur. Elles duraient encore quand la révolution de 1830 renversa les Bourbons, à Paris. Louis-Philippe crut devoir adopter une politique exclusivement pacifique, et l'amiral fut rappelé avec nos vaisseaux et nos troupes. C'était encourager la reine dans ses desseins contre les étrangers. Ranavalo les exécrait, ne voyant en eux que des ennemis de son culte national, et n'ayant d'autre pensée que de les expulser tous de l'île. La politique anglaise, après vingt ans d'intrigues, subit une ruine complète. Les missionnaires anglicans et méthodistes durent abandonner définitivement la capitale des Hovas.

Tel était l'état des choses à Madagascar lorsque les indigènes appelèrent eux-mêmes nos armes au secours pour se soustraire au joug des Hovas. Les Sakalaves, voulant s'affranchir de cette domination, proposèrent au gouverneur de Bourbon de reconnaître l'autorité française. Un traité fut signé dans ce sens, et les îles de Mayotte, Nossi-Bé, Nossi-Mitsiou, Nossi-Cumba nous furent cédées par cette convention en due forme. On devait s'attendre à une réplique de la reine. Elle chassa les commerçants européens de Tamatave, les laissant sans défense contre la population fanatisée par elle. Le commandant Romain-Desfossés ouvrit le feu sur la ville malgache, mais ne put, faute de munitions suffisantes, se rendre maître de la place. Ranavalo, se croyant victorieuse, fit décapiter les marins français prisonniers et exposer leurs têtes le long des côtes. Le gouvernement de Louis-Philippe accepta cet outrage avec une indifférence qui ne fit que pousser les Hovas à de nouvelles cruautés. Cependant, malgré le régime de terreur organisé par la reine et son premier ministre Rainizouare, notre influence n'avait pas tout à fait disparu dans l'île, grâce à quelques Français qui y étaient établis, et surtout à M. de Lasselle et à M. Jean Laborde. Ce dernier, resté l'ami de Ranavalo, « la terrible Néron femelle », comme on l'a bien nommée, lui résista ouvertement. Merveilleusement actif, joignant la sagesse au courage, il dota l'Imerne de tout ce que la civilisation pouvait y introduire. Il y fonda l'industrie mécanique, y créa des manufactures et fit de ses établissements de Mantagoua, maintenant en ruine, le centre du progrès. Seul, sans autre levier que sa volonté et son profond amour de la France, il eut ce mérite extraordinaire, mal reconnu par la postérité, d'ailleurs, d'avoir conçu une idée en apparence irréalisable et cependant mise à exécution merveilleusement : celle de transformer un peuple barbare, cruel, hostile à toute innovation, en une nation pouvant rivaliser avec les plus avancées. Il suffit de rappeler tout ce que lui durent les Hovas, tout ce qu'il mit en œuvre pour eux : sa fonderie de canons, sa tuilerie, sa verrerie, sa

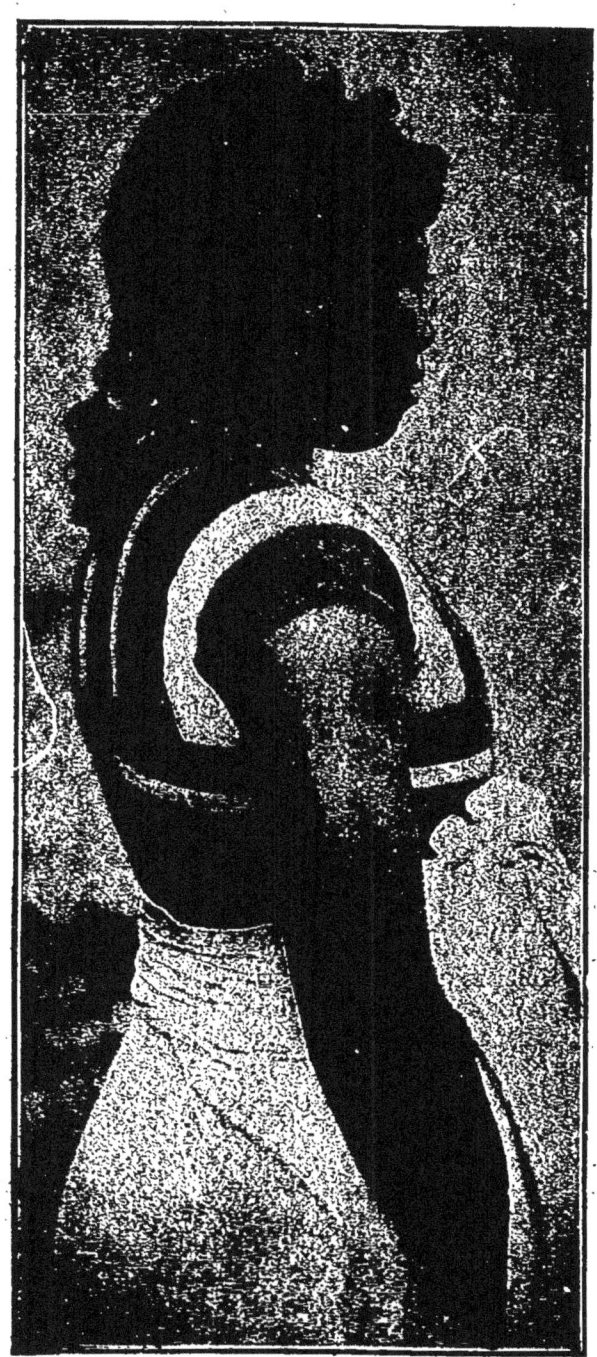

JEUNE FILLE ANTANOSSY.

magnanerie, sa savonnerie, ses ateliers de menuiserie, de charpenterie de serrurerie, de charronnage, ses forges, ses arsenaux, tous ces gigantesques travaux qui étonnent par leur grandeur autant que par leur hardiesse. Son secret était dans son empire sur la créature despotique devant qui tout tremblait.

Un autre Français, M. Lambert, établi à Maurice, joua presque à la même époque, avec le concours de M. Laborde, un rôle considérable à Madagascar. L'amitié que lui témoignaient Ranavalo et son fils Rakout, le futur roi des Hovas, lui permit de seconder nos intérêts dans l'île. Envoyé à Paris par l'héritier présomptif, qui était très épris des institutions européennes et voulait se ménager des relations avec Napoléon III, Lambert était sur le point de réussir dans sa mission diplomatique, quand les menées ourdies par des Anglais firent croire à la reine qu'une conspiration des Français et des missionnaires catholiques se tramait contre elle. Ranavalo, crédule, superstitieuse, dominée par son entourage, par les vieux Hovas, fidèles au culte des fétiches, exila tous les Français, sans en excepter Laborde et Lambert.

Lorsqu'elle mourut, en 1861, Radama II (Rakout) rouvrit l'île aux proscrits, et pour la seconde fois chargea Lambert de le représenter auprès de Napoléon III. Un traité fut signé entre le roi de Madagascar et l'empereur des Français. La Grande-Terre allait inaugurer ses rapports pacifiques avec la France, quand une nouvelle sinistre arriva tout à coup à Paris. Une conspiration du palais, fomentée par les vieux Hovas et les Anglais, avait mis fin au règne trop court de Radama II. Le roi, surpris par ses ennemis, avait été égorgé et la plupart de ses partisans étranglés. La veuve de Radama II, Rasoahérina, monta alors sur le trône. Elle ne régna que trois ans, et sa mort amena au pouvoir, en 1869, sa cousine Ramomo, qui prit le nom de Ranavalone II. La nouvelle reine se montra favorable aux Français, leur accorda le droit de s'établir dans l'île partout où ils le jugeraient convenable, d'y professer librement leurs croyances, d'y acquérir des biens, d'y créer des industries et d'y faire du commerce. Mais ce n'était là qu'un traité sur le papier. Les machinations anglaises ne tardèrent pas à en annuler les effets. Ranavalone II, devenue protestante après son mariage avec son premier ministre Rainilaiarivoni, s'entoura de missionnaires méthodistes comme conseillers. L'Angleterre reconquit toute la prépondérance qu'elle avait eue sous sir Robert Farquhar.

V

La République française, dès 1870, se trouva dans ces conditions à Madagascar en lutte avec les Anglais, qui profitèrent des événements pour redoubler de zèle dans leur œuvre de conversion et d'intrigues, dans leur politique d'absorption, faisant fonctionner tous leurs rouages. L'Angleterre avait pour but de nous évincer de l'île; cette tactique lui réussit pendant une dizaine d'années, mais le moment allait arriver où, nos forces recouvrées, nous pourrions déjouer ces desseins. Ce fut l'Angleterre elle-même qui nous en fournit l'occasion et le moyen. En 1881, les Hovas, évidemment menés par leurs inspirateurs occultes, manifestèrent l'intention d'entraver la liberté de nos établissements du canal de

Mozambique. En même temps Ranavalone, refusant de faire droit aux revendications des héritiers de Laborde et leur déniant la possession de terres dans l'île, ce qui lésait ouvertement les intérêts de nos nationaux, il devenait évident que les événements allaient se précipiter. Les Sakalaves, alliés de la France, furent l'objet de menaces, qui se dirigèrent également contre notre consul à Tananarive, M. Bauvais. L'assassinat d'un directeur de plantations françaises, l'occupation illicite par les Hovas de notre poste de Mazangaye, d'autres faits exigeaient plus que des représentations. Il fallait agir. Une démonstration du commandant Le Timbre prouva aux Malgaches et à leur reine que la France entendait enfin faire justice. Notre attitude fit réfléchir les Hovas. Ils crurent qu'une ambassade envoyée à Paris mettrait fin au différend. Mais l'heure n'était plus aux pourparlers. M. de Mahy, ministre de la marine et des colonies, fit partir l'amiral Pierre et lui donna pour première instruction de chasser les Hovas de toute la côte, depuis Mazangaye jusqu'à la baie d'Antongil. Cette campagne fut conduite avec une sûreté d'action admirable, mais telle était encore la force des manœuvres anglaises que les calomnies répandues contre l'amiral Pierre eurent de l'écho, même en France. L'histoire se chargera d'éclairer de son vrai jour l'habileté militaire de cet homme énergique qui mourut à la peine. L'amiral Galiber prit alors le commandement des opérations, et son action contraignit les Hovas à négocier. M. Jules Ferry, ministre des affaires étrangères, repoussa en termes énergiques tous les atermoiements, en déclarant que la France avait pour devoir d'aller jusqu'au bout. Le cabinet Ferry tomba et le ministère Brisson, qui lui succéda, s'opposa à la politique coloniale de conquête. M. de Freycinet, devenu ministre des affaires étrangères, cédant à la pression de la Chambre, conclut en 1885 la paix avec les Hovas. Ce traité fut ratifié le 27 février 1886.

VI

Tous les engagements pris par les Hovas n'étaient, au fond, qu'une comédie. On en eut la preuve dès 1889, quand M. Bompard, qui avait succédé à M. Le Myre de Vilers comme résident général à Tananarive, avertit le gouvernement français des nouvelles menées anglaises tendant à provoquer un soulèvement général contre nous. En réalité les Hovas, de mauvaise foi, enclins par caractère à la duplicité, éludaient ou violaient la plupart des clauses du traité de 1885, du reste, défectueux. Au mépris des conventions, ils accordaient des concessions considérables de mines, de forêts, de terrains de toute nature aux sociétés anglaises, ils laissaient nos nationaux en proie aux attaques des bandes de brigands fahavalos, qui razziaient les troupeaux et allaient jusqu'à massacrer les gardiens français. Le premier ministre Rainilaiarivoni tâchait de faire prévaloir une politique de bascule en inclinant tantôt du côté des Français, tantôt du côté des Anglais, avec la pensée secrète de les irriter les uns contre les autres, de maintenir son indépendance et de revenir peu à peu au passé. Les protestations du résident général, relevant certaines infractions au traité, furent éludées. Et le ministre s'enhardit même à déclarer un jour qu'en définitive la France n'était pas maîtresse à Madagascar, et que si elle voulait l'être, elle devait commencer par s'en emparer. C'était un défi au résident, qui cessa ses relations avec le gouvernement hova, en restant sur l'expectative. Mais il était impossible de prolonger longtemps ce *statu quo*. Chaque jour des faits nouveaux, de plus en plus graves, augmentaient l'acuité de la situation : assassinats de Français par les Fahavalos, attaques à main armée contre les Sakalaves, incursions sur les plantations, violences exercées ouvertement contre les missionnaires. Les Hovas allèrent même, en 1892, jusqu'à tenter un coup de main contre notre colonie de Diégo-Suarez. Comme l'écrivait au ministre des affaires étrangères le successeur de M. Bompard, M. Larrouy, en 1894, la sécurité de nos nationaux était sans protection effective : on en était arrivé à la limite extrême de la patience. Il n'y avait plus qu'un parti à prendre : c'était d'évacuer Tananarive, où la vie des Français était en péril. La France, qui avait alors à sa tête M. Casimir Périer, président de la République, comprit qu'elle était poussée par la force des choses à une action militaire. Elle voulut cependant tenter, pour la forme, de faire rentrer la reine Ranavalone dans les voies de la loyauté. M. Le Myre de Vilers fut chargé d'engager des pourparlers avec le premier ministre. Ils échouèrent. Les Hovas résolurent d'opposer à toutes les représentations la résistance à outrance, la « guerre sainte ». M. Le Myre de Vilers revint en France.

M. Hanotaux, ministre des affaires étrangères, obtint de la Chambre un crédit de 65 millions pour faire face aux frais de l'expédition, dont le commandement en chef fut confié au général de division Duchesne, ayant pour le seconder dans cette entreprise difficile, à ses côtés, les généraux Metzinger, Voyron et d'autres officiers brillants, le colonel de Torcy, les lieutenants-colonels de Beylié, Palle, Marmier, etc. Nous n'entrerons pas ici dans les détails de cette campagne, qui est dans toutes les mémoires. Bornons-nous à dire que, le 1er octobre 1895, le drapeau tricolore flottait sur le palais d'Argent. Tananarive était à nous. Un nouveau traité consacrait nos droits séculaires. Madagascar se soumettait à notre protectorat. La reine était maintenue sur son trône et son ministre Rainilaiarivoni, déporté comme Behanzin. Le général Metzinger était nommé gouverneur de Tananarive pour la période d'occupation.

On aurait pu croire que tout était enfin terminé, qu'il n'y avait plus qu'à faire profiter le pays des avantages de la conquête. C'était une erreur. Le général Gallieni, appelé au gouvernement général de Madagascar, s'aperçut aussitôt que la révolte allait renaître. Il prit alors le parti de couper à la racine le mal qui entretenait les ferments d'insurrection. Les Hovas ne se sentaient forts que de la présence de la reine et de son autorité. Le général Gallieni déporta Ranavalone. Cette fois, c'était bien la fin. Pourtant il reste des précautions à garder. Les anciens maîtres du pays sont-ils bien résignés à l'état des choses? Ont-ils abdiqué toute velléité de rebellion? Ont-ils renoncé à l'espoir de redevenir maîtres du pays? Aucunement. Mais comment parviendront-ils à ce but qui est toujours devant leur esprit? Ils l'ignorent aujourd'hui ; mais ils comptent sur le temps, sur les fautes que l'on commettra, sur les circonstances qui peuvent faire regagner le terrain perdu. *Caveant consules!*

Charles Simond.

CASE MALGACHE.

MADAGASCAR (1)

I

LE PAYS MALGACHE.

L'île de Madagascar, qui s'étend entre les 12° et 26° de latitude sud, est située à peu de distance de la côte orientale d'Afrique. C'est une des plus étendues du globe : sa superficie, évaluée approximativement à 600,000 kilomètres carrés, équivaut à celles de la France et de la Belgique réunies, sa longueur du nord au sud est d'environ 1,600 kilomètres, tandis que sa plus grande largeur n'atteint pas 600 kilomètres. Elle est séparée de l'Afrique par le canal de Mozambique, large de 400 kilomètres, elle est baignée à l'est par l'océan Indien où se trouve, à 600 kilomètres, notre possession française de la Réunion. L'île peut être divisée en trois régions bien distinctes par leur aspect physique, leur constitution zoologique, leur faune et leur flore. Ce sont : la région orientale, la région occidentale et la région centrale.

La région orientale comprend tout le versant est de la grande

---

(1) Les pages reproduites ici avec l'autorisation du directeur de la *Revue générale des sciences*, M. le docteur L. Olivier, font partie de la publication intitulée : *Ce qu'il faut connaître de Madagascar*. L'auteur, M. Eug. CAUSTIER, est agrégé de l'Université et professeur au lycée de Versailles. Nous devons également à la gracieuse obligeance de M. le docteur L. Olivier la communication des photographies accompagnant ce texte.

chaîne de montagnes qui s'étend le long de la côte, depuis le pays de Diégo-Suarez jusqu'au Fort-Dauphin, sur une largeur moyenne de cent kilomètres. Très montagneuse lorsqu'on s'écarte des bords de la mer, elle est principalement formée d'argile rouge, au milieu de laquelle apparaissent des roches primitives « gneiss », micaschistes, et des coulées de basalte. Les pluies y sont très abondantes, pour ainsi dire continues, et en certains endroits il ne tombe pas moins de 3 mètres d'eau par an. Aussi les pentes des montagnes, malgré leur mince couche d'humus, ont-elles une végétation herbacée assez vigoureuse, et les hauts du versant sont-ils bordés par une large bande de forêts. Les vallées sont marécageuses et demanderaient à être drainées à grands frais si l'on voulait les utiliser pour la culture.

Le décor de tout ce versant oriental, avec ses forêts puissantes, ses nombreux cours d'eau et ses torrents, est des plus pittoresques et fait avec raison l'admiration des voyageurs. Ce qui manque surtout au sol de cette région, comme à celui du massif central, ce sont les calcaires et les marnes, sans lesquels la fertilité n'est pas durable. C'est un point dont les futurs pionniers feront bien de tenir compte, s'ils ne veulent éprouver de trop grandes déceptions.

Les fleuves du versant oriental sont, à cause de la déclivité brusque du sol, des torrents. On peut citer : le Manompa, le Maningaro, qui forme le lac Alaotra, long de 30 kilomètres et qui fut jadis, d'après E. Reclus, une mer intérieure de plus de 300 kilomètres; le Mangoro, qui est le plus considérable et qui, large et peu profond, coule entre les deux bandes forestières en une belle vallée où les villages, entourés de jardins, se perdent dans les feuillages. Après avoir traversé cette plaine, une large et puissante chaîne de montagnes apparaît comme un mur gigantesque : c'est le rebord du massif central.

La côte est plate et peu découpée; elle ne présente que la magnifique baie de Diégo-Suarez, celles d'Antongil et de Fénérifa. Une *barre*, droite et régulière, règne sur toute la côte et rend les débarquements difficiles et dangereux. Les gros navires mouillent au large, et le débarquement s'opère dans des pirogues à balancier d'une finesse extrême. Tamatave est le seul port où l'embarquement puisse se faire aisément; encore est-il exposé aux cyclones pendant deux mois de l'année.

Sur le bord de la mer se trouvent d'immenses lagunes, peu larges et peu profondes, retenant une eau saumâtre, stagnante et tiède, où poussent des nénufars et des roseaux.

De loin en loin, une communication avec la mer. On pourrait, avec quelques travaux, faire communiquer ces lagunes entre elles et créer une navigation intérieure qui suppléerait aux obstacles de la barre et permettrait le cabotage. Vers Manahoro, dans la région moyenne, la lagune est très poissonneuse, et la pêche s'organise par les habitants, qui établissent de grands barrages à l'aide de branches entrelacées, avec des nasses dans les ouvertures. Les plaines basses et marécageuses qui avoisinent la mer sont excessivement malsaines, et c'est là que la fièvre fait ses plus grands ravages.

Au nord de la côte orientale se trouve notre colonie de Diégo-Suarez, avec sa baie magnifique et sa capitale Ansirane; sa situation particulière l'a fait appeler justement la *Citadelle de l'océan Indien*. A une faible distance est la montagne d'Ambre, sur les flancs de laquelle se sont établis des colons français originaires du Jura; leur habitation est entourée de jardins dans lesquels ils font de la culture maraîchère.

Les principales villes du littoral sont Vohemar, Fénérifa, Tamatave, Mahanoro et Fort-Dauphin. Tamatave, qui a une population de 20,000 habitants, est le port le plus important de Madagascar. Les Malgaches et surtout les Indiens malabars y font un commerce actif. De Tamatave (1) partent des caravanes pour Tananarive; plus de neuf cents porteurs ou *borizana* marchent entre les deux villes, transportant voyageurs et marchandises.

La région occidentale est relativement plate, avec, çà et là, des collines et de petites chaînes de montagnes. Elle est plus élevée dans le sud que dans l'ouest. Son climat très sec — car il n'y tombe pas plus de 30 à 40 centimètres d'eau par an — ne permet la culture que sur les bords des fleuves. Cette vaste zone est caractérisée par des plantes qui ne craignent pas la sécheresse : baobabs, tamariniers, arbres de Cythère, lataniers épineux et rabougris, euphorbiacées arborescentes, didierea, etc. Absolument aride et désolée dans le sud et le sud-ouest, cette région s'améliore vers le nord. Dans le Menabé, par exemple, sont de vastes pâturages où les Sakalaves élèvent les plus beaux bœufs de Madagascar. Presque tout l'ouest appartient aux roches sédimentaires (grès, argiles et calcaires). On trouve aussi, en divers points, des basaltes,

(1) M. Charnay donne la description suivante de Tamatave, qu'il visita avant 1870 : « La rue principale, dit-il, est une longue et étroite avenue bordée de minces piquets de bois, servant d'enclos aux maisonnettes éparses sur ses deux côtés. Au bout de cette rue est le quartier malgache, dont les cases sont entièrement faites de ravenal et offrent un aspect très propre et un intérieur coquet. De modestes boutiques y étalent sur les seuils leurs produits hétéroclites : ici de vastes paniers pleins de sauterelles desséchées, là des bouteilles vides, des cotonnades, ailleurs des oiseaux, ailleurs encore d'énormes feuilles de ravenal servant de nappes, ou bien des fruits, et presque partout la barrique de *betsabetsa*, liqueur de jus de canne fermenté, mélangée de plantes amères, qui fait une boisson détestable pour les Européens et délicieuse pour les Malgaches. Plus loin, dans la rue, de plus en plus animée, est le bazar ou marché; là, sous des auvents de l'aspect le plus sale, se trouvent les boutiques des marchands hovas, président, couchés à l'orientale, à la vente des menus objets éparpillés devant eux. On y vend aussi des viandes et des poissons, et l'atmosphère y est empestée par les émanations du sang des bœufs qu'on tue sur place. » (D. CHARNAY, *Bulletin de la Société de géographie de Paris*, 1864.)

ce qui prouve que les éruptions basaltiques ne sont pas spéciales à la côte est, comme on le croyait. Des fossiles jurassiques, crétacés et tertiaires, recueillis par divers explorateurs, ont permis d'établir l'âge de ces différents terrains. Ces dépôts sédimentaires, qui ne se sont jamais plissés, ont été coupés par des failles (1),

GUÉRRIERS SAKALAVES. PRINCE BARA ET L'UN DE SES SOLDATS.

d'où il résulte que dans l'ouest malgache les horizons sont rectilignes, les accidents de terrain sont de vrais plateaux, et les vallées des gorges, des couloirs étroits à parois verticales. Habitat des tribus indépendantes, l'ouest de Madagascar est par suite la partie la plus mal connue de l'île. Dans le sud-ouest, cette plaine saka-

(1) Les failles sont des crevasses dans une couche géologique, des stratifications.

lave est recouverte d'argiles colorées et sillonnées de failles par

FEMMES ESCLAVES DE L'IMERINA.

lesquelles s'écoulent des sources bitumineuses et des sources de poix. Des trois grands plateaux séparés par les rivières Saint-Vincent et Saint-Augustin, le plus septentrional a été exploré par M. Grandidier et par Douliot; il est bordé à l'est par la chaîne de l'Isalo, dont le versant oriental est un des plus pittoresques par ses gorges et ses cañons qui le coupent et laissent des parois hautes de quatre cents mètres.

L'Ouest malgache, dans son ensemble, est parcouru par deux vents de direction et d'influence contraires : par l'extrémité nord du canal de Mozambique entrent des moussons chargées de pluie; par l'extrémité sud, des vents qui, ayant passé par-dessus les mers antarctiques, sont frais et asséchants. Aussi, à mesure qu'on s'avance vers le sud, les pluies sont-elles moins abondantes : au nord, six mois de pluie; à Majunga, trois mois; plus au sud, les plantes grasses apparaissent, et à l'extrême sud, des années entières se passent sans pluie, et les embouchures des petits fleuves sont souvent à sec.

Les fleuves sont plus développés que dans l'est; on peut citer le Majamba. Le Betsiboka et l'Ikopa, passant à Tananarive, se rejoignent près de Suberbieville pour se jeter dans la baie de Majunga. Plus au sud on trouve le Fiherana, qui aurait à sa source un certain degré de salure attestant la présence de sel gemme dans les montagnes de l'Isalo; puis enfin, les rivières Saint-Vincent et Saint-Augustin. Tous ces fleuves ont leur cours interrompu par des rapides et ne sont, par conséquent, pas navigables. Le Betsiboka seul permet la navigabilité pendant cent cinquante kilomètres sur trois cents. En fait, il n'y a pas, à Madagascar, de grandes voies de pénétration fluviale. Les côtes du nord-ouest, avec leurs falaises crayeuses et leurs nombreuses baies, offrent de beaux ports à l'abri des cyclones de l'océan Indien; tel le port de Majunga. Par contre, sur les côtes basses et sablonneuses du Menabé, l'embouchure des fleuves est obstruée de barres formidables, tandis que sur la côte du sud-ouest, l'absence d'embouchure favorise le développement des coraux qui empâtent et accroissent continuellement l'approche. Le Saint-Augustin débouche par un grand estuaire qu'entretiennent les vagues de l'Océan. Dans tout le reste de la côte occidentale, les fleuves se terminent en deltas recouverts de palétuviers. Les principales villes de cette côte sont Majunga et Tulléar. Au nord se trouve l'île de Nossi-Bé, avec Helleville pour chef-lieu. C'est un poste important comme entrepôt de marchandises et qui comprend environ 10,000 habitants.

La région centrale est un vaste chaos de montagnes qu'on a comparé, non sans raison, à une mer agitée qui aurait été subitement figée. Cette région montagneuse est surtout formée de roches cristallines primitives (gneiss et micaschistes) au milieu desquelles apparaissent des affleurements de basaltes et plus rarement de calcaires cristallins. Ce massif est isolé dans l'île comme un nid d'aigle, suivant l'expression pittoresque des Hovas. Son altitude moyenne est de 1,500 mètres; un grand massif, l'Ankaratra, qui domine tout le pays au sud-ouest de Tananarive, a 2,600 mètres d'altitude. C'est une région absolument dénudée. Aussi les Hovas qui l'habitent portent-ils, en malgache, le nom d'Ambanylanitra, c'est-à-dire sous le ciel, ce qui signifie, d'après une étymologie sakalave, contestable du reste, « ceux qui n'ont d'autre abri que la voûte du ciel, pour qui l'ombre des arbres n'existe pas ». On ne trouve d'arbres, en effet, que dans les vallées étroites, le long des petites rivières qui leur fournissent l'humidité nécessaire. La sécheresse dure d'avril en octobre. Dans le fond des vallées il y a des rivières fertiles; sur les coteaux des troupeaux de bœufs, et un peu partout des maisons en terre et en briques. Le sol est une argile rouge, dure, parsemée de blocs de granit.

Le massif central se termine presque partout à l'ouest par un abrupt de sept à neuf cents mètres; c'est le Bongolava; mais sur les deux routes allant de Majunga à Tananarive, celles du Betsiboka et de l'Ikopa, la montée se fait progressivement, sans ressaut brusque. Le climat, qui y est tempéré, permet aux Européens de s'y acclimater parfaitement et d'y travailler manuellement. Cette région comprend comme villes importantes Tananarive, Ambohimanga et Fianarantsoa.

Tananarive (1), située à trois cents kilomètres de Tamatave et à quatre cent cinquante kilomètres de Majunga, et dont la population dépasse cent mille habitants, s'étage sur un massif isolé dans une vaste plaine. Sur le point culminant est bâti le palais, autrefois occupé par la reine. Les principaux édifices apparaissent au milieu de bouquets de manguiers et de lilas de Chine; mais si l'aspect extérieur est riant, l'intérieur de la ville est désenchanteur; les rues sont de véritables fondrières; elles aboutissent à la

---

(1) Tananarive ou Antananarive couvre trois collines allongées du nord au sud, qui se suivent et s'élèvent de 190 mètres environ au-dessus de la plaine de Betsimitatatra. La hauteur du point culminant est de 1,500 mètres. Les maisons s'échelonnent les unes au-dessus des autres. *Tanan* signifie village, *arivo* mille, et la particule *any*, en abrégé *an*, est un préfixe indiquant le lieu. Le véritable nom de l'ancienne capitale hova est donc les *mille villages*. De loin, l'aspect de la ville est grandiose et original. On ne voit d'abord à une grande distance que le grand palais de couleur grise qui domine tout; peu à peu, les autres palais du sommet se dégagent, ainsi que les clochers des temples. A mesure qu'on approche, on aperçoit les cases qui envahissent la montagne dans tous les sens, entassées les unes à côté des autres et ne laissant entre elles que des passages difficiles. Du haut de la ville on a une vue magnifique. C'est un immense panorama avec des lacs et des rivières s'étendant aussi loin que la vue, et à l'horizon des cimes d'une teinte bleue. Dans les rues, la population a l'air de se promener et de ne rien faire; la plupart, hommes et femmes, vêtus de blanc, nu-pieds, marchent solennellement ou s'accroupissent le long des murailles; quelques-uns sont portés par des esclaves dans leurs litières ou filanjanas. On ne voit partout que des peaux jaunes, noires, cuivrées, des figures d'un aspect peu gracieux en général; les uns, hautains; les autres, plus humbles, à l'air doux et passif. (Ch. SIMOND, *Madagascar*. H. Lecène et H. Oudin, 1886.)

place du Zoma, où se tient le grand marché de ce nom; le ven-

FAMILLE HOVA.

dredi. Ambohimanga, à l'est de Tananarive, est la ville sainte des

ANKORAHOTRA VUE DE LA COLLINE.

Hovas. Quant à Fianarantsoa, c'est la capitale du pays betsileo, qui est une région essentiellement agricole.

II

LES RACES MALGACHES.

La population de Madagascar est composée d'un grand nombre de tribus dont une moitié nous demeure encore incomplètement connue. Le Malgache, généralement caractérisé par sa petite taille et par sa coloration foncée, doit être considéré comme un mélange de nègre et de jaune. Notre éminent anthropologiste M. Hamy fait remarquer que la géologie, aussi bien que la faune et la flore, nous montre que Madagascar avait, à certaines époques géologiques, été reliée avec l'archipel Malais. Aussi croit-il que l'origine du Malgache doit être recherchée dans la race *indonésienne*, qui vient de l'Himalaya oriental. Plusieurs arguments ethniques appuient cette manière de voir : la langue malgache se rapproche de la langue malaise; comme les Malais, les Malgaches portent des vêtements faits d'écorces battues ou de fibres tissées du raphia; comme les Indonésiens des Célestes, ils ont la pirogue à balancier; comme tous les Orientaux, ils aiment passionnément la musique, et leur instrument préféré est la *valiha*, sorte de guitare à clavier de bambou, identique aux instruments des Laos des îles de la Sonde; leur tatouage, ainsi que l'a montré M. Grandidier, se fait par piqûres comme celui des Indonésiens, et non par coupures comme chez les Africains; le salut est identique; à Madagascar, comme en Polynésie, on se frotte le nez pour s'embrasser, et la salutation du pied porté sur la nuque s'observe dans les deux pays. Enfin, on retrouve, chez certains Malgaches, les mêmes rites funéraires que chez les Indiens : les morts sont placés dans des troncs d'arbres creusés et recouverts d'une sorte de toit; les cadavres, habillés d'étoffes, sont tournés vers l'est, car c'est dans cette direction qu'ils doivent apercevoir les ombres des ancêtres; l'exposition du mort y est très longue, et c'est seulement après que les parties molles sont détachées et qu'on s'est livré à des pratiques répugnantes en grattant le squelette que celui-ci est inhumé. Toutes ces concordances permettent de conclure que Madagascar se rattache à l'Indonésie et non à l'Afrique, comme le voisinage de ce continent pourrait le faire croire.

Les tribus qui peuplent l'île peuvent être groupées en deux catégories : les Hovas (1), avec les peuples qui leur sont soumis; les Sakalaves, avec les peuples indépendants.

---

(1) Cette peuplade des Hovas eut une destinée presque incroyable. Elle était réduite à l'abjecte et maudite condition du paria. Le Hova vivait isolé des Mal-

Les Hovas et les peuples dominés par eux : Betsileos, Betsimisarakas, Antankaras, Antsianakas, Bezanozanos et Antaimoros, occupent à peine la moitié de l'île. Les Hovas proprement dits sont au nombre d'environ un million. Ils habitent le centre de Madagascar, c'est-à-dire l'*Imerina*. Ils ne représentent qu'une des trois castes qui en composent la population, et qui sont : 1° les *Andrianas* ou nobles, d'origine malaise; 2° les *Hovas* ou bourgeois, qui viennent de la race indonésienne et qui s'étaient établis sur le massif central avant la venue des Malais ; 3° les *Andevos* ou esclaves, qui descendent des prisonniers de guerre ou d'individus volés dans les razzias, et chez lesquels se trouvent mélangés le sang du jaune et le sang du noir, parfois même le sang du blanc.

Les types *andriana* et *hova* (on écrit aussi *andriane* et *houve*) se conservent avec une certaine pureté, car les usages ne permettent pas de chercher sa femme au dehors de son clan. Mais, depuis le commencement de ce siècle, les Hovas ont établi leur autorité sur les autres castes, et dans la pratique leur nom s'applique à tous les habitants de l'Imerina. Ils ont le type malais : cheveux noirs et lisses, teint jaunâtre, yeux en amande, tête ronde et face large. Les jeunes filles portent les cheveux tombant sur le dos, les femmes font leurs tresses avec un soin des plus minutieux et une coquetterie que ne renieraient pas nos plus élégantes Parisiennes.

Le Hova se jette avec avidité sur tout ce qui a une origine européenne. Aussi a-t-il abandonné son costume national pour adopter le nôtre, sous lequel il est souvent grotesque; c'est ainsi que l'on a vu des gouverneurs hovas revêtus tantôt d'un uniforme de lycéen, tantôt d'un costume de général de division, ou bien encore d'un habit de suisse d'église. Ils s'habituent à s'asseoir sur des chaises et à manger avec une fourchette.

Des siècles de tyrannie et aussi une exploitation éhontée de la part de leur gouvernement les ont rendus hypocrites et fourbes. C'est qu'ils ont cherché à sauvegarder leur existence par tous les moyens; ils ne peuvent donc guère avoir les notions de justice et d'humanité qui forment la base de leur société. Voilà leurs défauts. Mais ils ont aussi des qualités. Ils aiment les enfants et respectent les vieillards; ils sont bons patriotes, et, lorsqu'ils partent en

gaches, qu'il reconnaissait pour maîtres et auxquels il payait un tribut en nature. Les objets qu'il touchait étaient déclarés impurs, la case où il reposait était brûlée. Pour éviter toute surprise, il avait incendié autour de lui les forêts, fait un désert de son pays et planté ses villages sur les mamelons de la plaine. Rendu défiant et triste par la proscription, il était en même temps faux et cruel par esprit de vengeance, souple et rampant par esprit d'ambition; aussi n'attendait-il qu'une occasion de donner carrière à des instincts de représailles et d'usurpation. Lorsque, à la fin du siècle dernier, un homme supérieur, Andrianampouine, vint relever le Hova de la servitude avec l'aide des Anglais, il le trouva prêt à s'emparer avec lui de l'autorité. Aussi en moins d'un demi-siècle la domination des Hovas s'étendit-elle sur la moitié de l'île. De Fort-Dauphin au cap d'Ambre et de là à la baie de Bombetock, ils furent les maîtres redoutés. Ils n'ont été vaincus que par la dernière expédition française. (C. S.)

voyage, ils emportent souvent un peu de terre prise dans leur case natale. Ils sont laborieux et persévérants dans leurs entreprises.

Les produits de leur industrie témoignent de leur intelligence. Ils forgent le fer avec habileté et fabriquent des haches que ne désavoueraient pas nos meilleurs taillandiers. La forge malgache rappelle, au reste, celle qu'on trouve en Malaisie; un feu de charbon de bois est activé par un soufflet que forment deux troncs d'arbres creusés, placés verticalement et dans lesquels se meuvent deux pistons en bois garnis de rondelles d'étoffe; de ces deux troncs partent deux conduits en bois se réunissant bientôt en un tube unique, qui mène le courant d'air sur le feu; c'est souvent une grosse pierre qui sert d'enclume. Les femmes tissent des étoffes avec de la soie indigène ou avec du coton, et elles en font leur vêtement national, le *lamba*, qui va depuis les épaules jusqu'aux genoux. Elles fabriquent aussi des dentelles, mais les modèles en sont peu variés. Tous ces produits sont échangés, chaque semaine, à jour fixe, sur des marchés (*Zoma*) où arrivent de longues files de piétons chargés de marchandises diverses.

Les Betsileos, au nombre de 1,200,000, habitent le sud du massif central. Chez eux l'infiltration noire est plus grande; ils sont de taille plus haute et ont les cheveux bouclés. Ils montrent un goût prononcé pour l'agriculture; aussi ont-ils creusé de nombreux canaux qui leur ont permis de transformer en rizières la moitié du pays (1).

(1) Le riz est la plus importante production agricole de Madagascar : seule entre toutes, en effet, cette céréale, par son prodigieux rendement, peut répondre aux besoins d'alimentation d'un pareil peuple, aggloméré, entassé dans les limites étroites de ses vallées. On distingue dans l'île au moins onze sortes de riz. Le plus beau est celui de Manourou, quoiqu'on lui préfère à Bourbon le riz rouge des environs de Fort-Dauphin. Le riz se cultive de diverses manières. Dans certains endroits, par exemple dans les clairières des forêts de l'Est, où, après l'écobuage, on emploie les cendres des souches comme engrais, on le sème et le plante comme le froment, sans irriguer. Dans les terres hautes, au contraire, on le submerge, et les naturels montrent une rare habileté dans l'aménagement de leurs rizières. Autour de la capitale, la plaine, plate et basse, ne réclame pas beaucoup d'industrie pour tenir constamment les plantations de riz sans eau; on y réussit en pratiquant d'étroits chenaux ou des fossés d'irrigation. Mais ailleurs il faut mettre en œuvre des moyens moins simples. Après avoir choisi un lieu favorable pour l'établissement de la rizière, on y amène l'eau en creusant des ravins en pente dans le flanc des montagnes; les ravins sont traversés par des aqueducs de construction grossière formés d'arbres évidés, mis bout à bout, comme des drains, et retenus à leur point de jonction par de grands pieux enfoncés en terre. Une fois la conduite des eaux ainsi réglée, on construit dans toutes les parties utilisables de la vallée des terrasses faites de telle façon que leur excédent d'irrigation retombe sur celles qui sont au-dessous. On alimente ainsi jusqu'à cent et cent cinquante terrasses de rizières avec une même source arrivant d'abord à la terrasse supérieure, et, par des chutes successives, irriguant jusqu'à la plus basse. Le riz se sème dans un endroit abrité du vent et rapproché des habitations, pour empêcher les déprédations des oiseaux. Lorsqu'il a atteint une hauteur de huit pouces environ, on l'arrache pour le transplanter dans la rizière proprement dite. Ce travail est généralement fait par des femmes. A l'exception du sarclage, qui n'a lieu qu'une fois pendant toute la durée de la croissance de la plante, le riz ne réclame guère d'autres soins que le maintien constant de la submersion des racines. A l'époque

Les Betsimisarakas (environ 800,000) habitent la côte orientale,

HALTE DE PORTEURS DE PAQUETS.

depuis la baie d'Antongil jusqu'à Mahanoro. C'est le type le plus pur de la race indonésienne. Ils sont très sociables, aiment beaucoup la musique et la danse. Ils ont un penchant pour la navigation, et un certain nombre s'adonnent à la pêche. Ils sont très doux, mais très paresseux.

Les Antankares occupent l'extrémité nord de l'île et confinent à nos possessions de Diégo-Suarez. Ils vivent de la pêche et de l'élevage des bœufs. Ces peuples, d'origine musulmane, ont toujours donné des preuves de sympathie à la France, mais les Hovas s'étaient établis en maîtres chez eux.

Les Antsianakas (250,000) vivent dans la région forestière et marécageuse située autour du lac Alaotra.

Les Bezanozanos sont établis dans les pays de forêts à l'est de l'Imerina et aussi dans la vallée du Mangoro, entre les deux zones forestières. Placés sur le trajet de Tamatave à Tananarive, ils fournissent la plupart des porteurs; leur force et leur agilité sont du reste remarquables.

Les Antaimoros se sont fixés au sud de la côte orientale; on les appelle les « Auvergnats de Madagascar », à cause de leurs qualités laborieuses. Chaque année, un grand nombre d'entre eux quittent leur pays pour aller louer leurs services dans d'autres parties de l'île. Ce seraient d'excellents ouvriers pour nos colons, cultivateurs et industriels, qui s'installeraient à Madagascar.

*
* *

Les Sakalaves occupent la plus grande partie de l'île et peuvent être rangés en deux groupes : ceux qui étaient en partie soumis aux Hovas, comme les Sakalaves proprement dits, les Antanossy, les Tanalas et les Bares, et ceux qui étaient, avant notre prise de possession de l'île, complètement indépendants, comme les Antandroy et les Mahafaly.

Au siècle dernier, les Sakalaves étaient le peuple le plus puissant de l'île, mais leurs dissensions divisèrent leur autorité, et les assujettirent en partie à la domination des Hovas. Ils s'étendent depuis le nord de l'île jusqu'à la baie de Saint-Augustin, occupant ainsi presque toute la région occidentale, mais surtout le voisinage des côtes et des grands cours d'eau navigables. Les villages sakalaves s'éloignent rarement à plus d'une soixantaine de kilomètres de la côte. Les esclaves, introduits par les Arabes, ont fait prédominer l'élément nègre; aussi ont-ils les cheveux crépus et les lèvres épaisses.

de la récolte, des troupes d'enfants chassent à coups de fronde et de pierres les essaims de *fody*, oiseaux qui infestent les rizières et se nourrissent des grains mûrs. La moisson se fait par toute la population de la localité. On coupe le riz au pied avec le couteau et on le bat et le vanne, on l'emmagasine ensuite selon des procédés différents : les uns le gardent dans des silos couverts de nattes, d'autres le remisent dans des maisonnettes élevées sur pilotis à cinq ou six pieds du sol. (Ch. SIMOND, ouvrage cité plus haut.)

Les principales tribus sakalaves sont, du nord au sud : le Boueni, l'Ambango, le Ménabé, et le Fiherenana Les Sakalaves du Boueni, de l'Ambango et du Ménabé, font de l'élevage; ceux des côtes sablonneuses du Ménabé se consacrent à la pêche et au cabotage dans de grandes pirogues.

On a dit qu'ils étaient les alliés de la France; cela est vrai pour le nord-ouest, où ils nous ont toujours témoigné leurs sympathies dans l'espoir d'une protection contre les Hovas, mais, en réalité, il serait peu prudent de s'appuyer sur ces peuplades, qui ont des instincts nomades et un amour extraordinaire du pillage (1). M. Gautier cite un roi du Ménabé qui, chaque année, se mettait à la tête de bandes armées pour aller rançonner ses voisins; il ramenait ainsi de quoi vivre pendant la belle saison et se reposait pendant la saison pluvieuse. Le peuple sakalave ne se conduit pas autrement et a des habitudes invétérées de brigandage. Les fameux brigands *Fahavalos* sont des Sakalaves. Ce sont eux qui rendent inhabitables ces vastes étendues qu'on peut prendre sur les cartes pour des déserts, mais où en réalité il y a de l'eau et de la verdure autant qu'ailleurs. Chez les Sakalaves et dans la plupart des tribus indépendantes du Sud, dit M. Gautier, qui a bien étudié toutes ces régions, on vole et on tue comme on respire; c'est une fonction naturelle. En résumé, l'ouest et le sud de Madagascar constituent un véritable repaire de brigands où le pillage est à la fois général et mutuel.

***

Les Antanossy sont les Malgaches des environs du Fort-Dauphin, au sud-est de l'île. Un certain nombre, plutôt que de subir la domination des Hovas, avaient émigré sur les rives du fleuve

(1) « Au commencement de l'expédition de Madagascar, dit un correspondant du *Temps*, plusieurs écrivains fort au courant des affaires de l'île, prétendaient que nous devions nous appuyer sur l'élément sakalave pour combattre les Hovas. « Les Sakalaves sont nos amis, disaient-ils, ils sont héréditairement hostiles aux sujets de Ranavalo, qui n'ont jamais pu en venir à bout. » Les derniers événements qui se sont passés à Madagascar viennent démontrer d'une façon péremptoire la fausseté de cette thèse ingénieuse, car si l'Imerina est entièrement soumis, il n'en est point de même des pays sakalaves... De ce que les Sakalaves détestent les Hovas, il ne faudrait pas en inférer qu'ils nous aiment; bien au contraire, ils nous exècrent sincèrement... ils ne se sont pas rendu compte de notre force réelle. « Les Français ont vaincu les Hovas, mais les Sakalaves aussi, disaient-ils. Reste à savoir qui sera le plus fort. » Quand ils ont compris que nous étions décidés à ne pas abandonner leur pays, que nous y fondions de nombreux postes, empêchant ainsi leur commerce illicite d'esclaves, d'or, d'armes, de poudre, et leurs traditionnelles rapines, ils se sont résolus à la résistance, après quelque hésitation, poussés par leurs chefs et leurs fabricants d'amulettes, à la fois médecins et sorciers. On espérait obtenir une pénétration pacifique dans ces régions; mais, devant l'attitude hostile des tribus sakalaves, une colonne a été organisée contre elles. La résistance ne fut pas bien opiniâtre et après quelques engagements brillants où les Sakalaves ont éprouvé de sanglants échecs, ils ont paru décidé à faire leur soumission. En réalité, ils comptaient que les Français ne séjourneraient pas longtemps dans leur pays, habitués qu'ils étaient aux incursions passagères des Hovas. »

Saint-Augustin; aussi, plus tard, lorsqu'ils apprirent que Fort-Dauphin était devenu le centre d'une exploitation importante de caoutchouc, ils y revinrent. Leurs traits sont délicats, et leurs cheveux fins et bouclés se distinguent des cheveux plats des Hovas et des tignasses crépues des Sakalaves (1). C'est surtout chez eux que les éléments sémitiques se sont mélangés à la race indo-

PASSEUR BETSIMISARAKA OPÉRANT LA TRAVERSÉE D'UNE RIVE A L'AUTRE DANS LES RIVIÈRES FACILEMENT GUÉABLES.

nésienne, et c'est probablement à ce mélange qu'il faut attribuer leur supériorité intellectuelle.

(1) Grandidier donne à ces tignasses le nom de *tête de vadrouille*. « Les habitants de Madagascar, dit-il, n'appartiennent pas plus à une seule et même race que l'île n'appartient à un seul et même roi; les races caucasique, cafre, mongole, se sont mélangées et croisées dans ce coin de terre avec les indigènes. Les autochtones sont facilement reconnaissables sur la côte est, où le type s'est conservé le plus pur; leur face est tout aplatie; leur nez est écrasé à la racine, et leur chevelure touffue et globuleuse en tête de vadrouille. Les peuples de la région occidentale qui, de temps immémorial, sont en contact avec les nations

TANANARIVE VUE DE L'EST.

Les Tanalas habitent l'est du pays betsileo, au milieu de la grande forêt. C'est une race bien constituée et aux formes harmonieuses, mais elle ne compte que fort peu de représentants.

Les Baras sont un peuple guerrier, habitant le sud du massif central, et en grande partie insoumis par les Hovas; chez eux le sang africain prédomine. Leurs cheveux crépus, roulés en boule, sont surmontés d'une sorte de toiture formée par un mélange de terre blanche et de bouse de vache, et le tout est orné d'un plumet. Chez eux, comme chez les Sakalaves, l'anarchie a créé le brigandage; aussi produisent-ils des brigands aussi émérites que les Sakalaves.

Enfin, les tribus indépendantes des Mahafaly et des Antandroy occupent la région stérile de la pointe sud, entre le cap Sainte-Marie et la baie Saint-Augustin. Ce sont des tribus à demi barbares et fort pauvres, qui élèvent à peine quelques moutons (1).

III

LA FLORE MALGACHE.

La flore de Madagascar offre un caractère original, qui a été bien mis en évidence par les beaux travaux de MM. Grandidier et Baillon; parmi les 2,500 plantes connues et classées, les unes rappellent les végétaux d'Afrique, d'autres ceux de l'Amérique du Sud et de l'Australie; mais c'est surtout des plantes asiatiques qu'elles se rapprochent le plus. La végétation de Madagascar varie beaucoup suivant les régions. On peut, à ce point de vue, comme nous l'avons fait pour la géologie, diviser l'île en trois régions :

1° La région orientale, avec une végétation forestière puissante et variée.

2° La région occidentale, qui, exposée aux vents desséchants de l'Afrique, est aride et broussailleuse.

3° La région centrale, qui est privée d'arbres et constitue un pays essentiellement agricole.

étrangères n'ont pas la lourde physionomie des autres Malgaches; les navires de la Judée qui venaient jadis à Sofala, les jonques chinoises qui se rendaient à la côte sud-est d'Afrique, plus tard les boutres arabes abordèrent souvent sur la côte ouest de Madagascar; aussi y trouve-t-on, parmi les hommes libres, beaucoup d'individus à type caucasique, à cheveux lisses ou ondulés, au teint assez clair; chez les esclaves, on constate les traces évidentes des croisements fréquents avec les Cafres. Une troisième race, bien distincte des deux autres, qui appartient évidemment au grand tronc mongolique, a aussi fait irruption à Madagascar et s'est longtemps conservée au centre de l'île, assez pure de tout mélange; ce sont les Hovas. Des yeux allongés et bridés, des pommettes saillantes, des cheveux lisses et raides, un teint jaune ou cuivré ne permettent pas le moindre doute sur leur origine asiatique. »

(1) Les moutons de Madagascar appartiennent à la race *stéatopyge* (à grosse queue); ils n'ont pas de laine et fournissent une viande sèche, coriace et désagréable. La peau seule a une certaine valeur. (G. FOUCART.)

Dans la région orientale la flore varie suivant qu'on l'étudie sur les côtes, dans les plaines marécageuses ou sur les collines. Le long des lagunes existe une végétation spéciale formée de nombreux vakoa (*pandanus*) solidement ancrés par leurs racines fourchues, et dont les feuilles repliées en cornet font d'excellentes cuillers; des *Brehmia spinosa*, dont les fruits ont une pulpe très estimée des indigènes; de nombreux palmiers et autres arbres recouverts de magnifiques orchidées parasites. Dans les lagunes, aux environs de Mahonaro, croît le copalier (*Hymœna verruosa*), bel arbre de la famille des légumineuses, qui sécrète sa gomme. On trouve enfin de nombreux bambous que les Betsimisarakas utilisent pour faire des sortes de cruches à eau; pour cela, ils percent avec une sagaie les cloisons du bambou, sauf la dernière, qui sert de fond à ce vase cylindrique, dont la longueur peut aller jusqu'à quatre mètres.

Sur les collines on trouve le fameux « Arbre des voyageurs (1) » ou « Ravinala » (*Urania speciosa*). Cet arbre, très voisin des bananiers, a le tronc lisse, élevé et surmonté d'un magnifique éventail de larges feuilles vertes, au nombre d'une vingtaine et longues de deux mètres environ sur cinquante centimètres de largeur; ces feuilles ont de longs pétioles qui, comme les rayons d'une roue gigantesque, s'encastrent les uns dans les autres. De profil, cet arbre se réduit à une simple ligne; de face il se déploie, nous venons de le dire, en un colossal éventail. Il doit son nom à ce que l'eau atmosphérique, rassemblée dans les replis du pétiole, sert, paraît-il, à rafraîchir le voyageur altéré; cette explication n'est guère admissible, car cet arbre ne pousse que dans le voisinage des cours d'eau, et jamais dans les régions arides. Il sert, comme le raphia, dans la construction des cases; sa feuille fraîche sert de plat aux indigènes, et avec ses jeunes feuilles on fait une soupe très indigeste. Cet arbre est caractéristique de toute la région orientale; on ne le trouve jamais, cependant, au-dessus de six cents mètres d'altitude.

Le raphia (*Raphia madagascariensis, sagus Raphia*) est un palmier au port gracieux, qu'on rencontre partout à Madagascar, sauf sur le massif central. Son tronc, couvert d'aspérités qui marquent l'attache des anciennes feuilles, porte à son sommet un bouquet de belles feuilles, atteignant parfois de cinq à six mètres de longueur et composées d'un grand nombre de folioles

---

(1) Ce nom lui a été donné par les créoles des Antilles et des Iles de France et de Bourbon, et l'imagination poétique de certains voyageurs a fait à l'arbre, à peu de frais, une célébrité, la boisson rafraîchissante qu'il fournit au passant altéré n'étant en réalité que de l'eau de pluie. Plus légendaire encore est l'*arbre cannibale* ou *mangeur d'hommes*, qui n'existe que dans la fantaisie de quelques écrivains très versés, à les en croire, sur la flore malgache qu'ils n'ont jamais vue. L'arbre cannibale a, prétendent-ils, la propriété d'enlacer dans ses fibres des êtres humains et de les étouffer. (C. S.)

insérées à angle droit sur la nervure médiane. On utilise toutes

BARQUE DE PÊCHEURS BETSIMISARAKAS.

ces parties; les nervures donnent de solides perches pour la construction des cases et la fabrication des *filanjanas*, chaises à porteurs (1); le bourgeon terminal, comme le chou palmiste, est un

FEMMES BETSIMISARAKAS PORTANT DE L'EAU DANS DES TIGES DE BAMBOU QUI SERVENT DE VASES.

(1) Le *filanjana*, véhicule adopté pour les voyageurs, est formé de deux brancards de trois mètres de longueur soutenant vers le milieu un siège en toile.

comestible très goûté ; enfin la fibre du raphia est un textile souple et résistant qui sert aux indigènes pour] fabriquer des vêtements grossiers, des cabanes ; ces fibres brutes, mises en paquets, sont expédiées en Europe, où elles sont utilisées par les viticulteurs et les jardiniers, qui les préfèrent aux joncs.

Vers 400 mètres d'altitude, les raphias et les ravinalas disparaissent ; on entre alors dans la première zone forestière. Sur le versant oriental, les lianes à caoutchouc (1) (*Vahea gommifera madagascariensis*) sont très communes dans les forêts.

La région occidentale de la flore malgache, qu'on pourrait appeler la « région de la brousse », occupe les trois quarts de l'île. La végétation est loin d'y atteindre la puissance et la splendeur de la forêt orientale. Elle est recouverte d'herbes sèches, dures, qui, au mois de mars, peuvent avoir deux mètres cinquante de haut. Il faut faire exception pour les beaux pâturages du Ménabé. Vers le sud apparaissent les plantes grasses et épineuses dont le suc remplace l'eau dans l'alimentation indigène.

Le satrana (*Hyphœna madagascariensis*), qui est le latanier de Madagascar, caractérise l'ouest sakalave, comme le ravinala caractérise l'est. Le gigantesque baobab donne aussi à cette région un cachet bien spécial.

Le *Didierea*, que Baillon classe dans les sapindacées, est un arbre de quatre mètres de haut, à l'aspect « cactiforme » et simulant un gigantesque lycopode ; il forme de véritables champs dans les plaines arides du Sud-Ouest ; ses graines contiennent un alcaloïde

Quatre hommes, deux à l'avant, deux à l'arrière, soutiennent l'appareil sur les épaules. Dans les grands trajets, on emmène six à huit porteurs qui se relayent, même en courant, sans que le voyageur éprouve de trop fortes secousses. Les porteurs de filanjana ont besoin de beaucoup de vigueur et sont toujours des hommes jeunes ; on n'en voit que rarement ayant plus de vingt-trois ou vingt-quatre ans. Plus tard, ils se font porteurs de marchandises et exercent ce métier jusqu'à l'âge de cinquante à cinquante-cinq ans. Les Malgaches qui font les transports se nomment *borizany* et forment une corporation assurant, au moyen de cotisations, certains avantages à ses membres. Par leur entente, ils arrivent à maintenir le prix des transports à un taux relativement élevé ; mais il est juste de dire qu'ils prennent toujours soin des marchandises qui leur sont remises et qu'ils sont remplis de prévenances pour les voyageurs qui se confient à eux. Un voyageur qui se rend de Tananarive à Tamatave est forcé d'emmener huit hommes pour le filanjana et quatre au moins pour les bagages. Avec les frais accessoires, la dépense est d'au moins 250 francs. (G. Foucart, *L'état du commerce à Madagascar*. Revue générale des sciences.)

(1) Le caoutchouc est un des plus importants articles d'exportation de Madagascar. Il provient soit de plantes sarmenteuses et de lianes qui croissent dans les zones forestières, soit d'un figuier, soit d'une euphorbiacée très répandue dans les forêts épineuses du Sud. Pour la récolte, on incise les arbres et on coupe les lianes. Le latex recueilli dans un vase est coagulé par le jus de citron, par le sel marin et quelquefois par l'acide sulfurique. Le caoutchouc de Madagascar, tel qu'il est préparé actuellement par les indigènes, contient de l'humidité et des impuretés souvent ajoutées avec intention. C'est ce qui empêche le produit d'atteindre un prix élevé sur les marchés européens. A Tamatave, le caoutchouc du Nord vaut de 4 fr. 50 à 5 francs le kilogramme, tandis qu'à Fort-Dauphin, le caoutchouc du Sud, moins bon, ne se vend seulement que 2 fr. 50. (G. Foucart.)

voisin de la caféine, et, comme celle-ci, il provoque la mort par tétanisme.

Le *Tanghenia venenifera* (Apocynées) fournit une amande contenant un poison qui, à la dose de quelques milligrammes, tue l'homme par arrêt du cœur; aussi a-t-il servi à fabriquer le poison d'épreuve malgache : le *tanguin* (1).

La région du Sud, très aride, n'offre plus que quelques « arbres de Cythère », entre lesquels apparaissent des nids de termites qui peuvent avoir jusqu'à soixante centimètres de hauteur (2).

La région centrale, qui représente le cinquième de l'île, est dénudée, quelques arbres se rencontrent seulement dans les gorges étroites. Les habitants de cette région, Hovas et Betsileos, ont détruit de grands bois, soit pour mieux apercevoir l'ennemi, soit pour faire paître leurs immenses troupeaux de bœufs.

Les forêts sont une des principales richesses de Madagascar; elles forment, autour de l'île, une large ceinture d'environ quatre mille kilomètres. Dans la région orientale, la bande forestière a une largeur de quarante à soixante-dix kilomètres, pouvant même aller jusqu'à cent kilomètres (baie d'Antongil). Cette bande, qui est proche de la mer au nord et au sud, s'en éloigne dans la partie moyenne, et sur plusieurs centaines de lieues elle suit une ligne de hauteurs variant entre cinq cents et mille mètres. Les arbres, toujours beaux quand ils trouvent un terrain volcanique, sont souvent rachitiques et recouverts de lichens lorsqu'ils croissent en pleine argile. Les essences les plus communes sont : le palissandre,

(1) « J'ai vu souvent administrer ce tanguin. C'est une manière très commode de rendre la justice, et qui n a pas, dans ces pays-là, autant d'inconvénients qu'elle en aurait ailleurs, parce tout le monde y étant plus ou moins voleur, on ne risque guère de sacrifier un honnête homme. Quand le magistrat, qui s'appelle l'ampan-tanguin, soupçonne un Malgache d'avoir volé, il lui fait manger une dose de tanguin enveloppée dans un petit morceau de peau enlevé sur l'estomac d'un poulet que le patient doit fournir et qui devient la propriété du juge. S'il en meurt, cela prouve qu'il était coupable; on emploie souvent aussi le tanguin dans les procès civils. C'est pour cela que lorsque deux Malgaches s'abordent, la formule de politesse à employer par le premier qui parle est *akouré kabar*? (ce qui veut dire : comment vont vos procès?) à quoi l'autre répond, en prenant un air de vive satisfaction *tsi michi kabar* (c'est-à-dire, je n'ai pas de procès). » (Baron DE MANDAT-GRANCEY, *Souvenirs de la côte d'Afrique (Madagascar)*. Plon, Nourrit et Cie.) — « Quand un accusé est soumis à l'expérience du tanguin, son accusateur, s'il est du même rang que lui, doit subir la même épreuve, et les juges donnent gain de cause à celui qui a le moins souffert. Si l'innocence de l'accusé est établie par cette épreuve, et que l'accusateur est d'une classe inférieure à celle de l'inculpé, il devient l'esclave de celui-ci; s'ils sont tous deux de la même classe, l'accusateur subit la peine qui aurait été infligée à l'accusé si ce dernier eût été reconnu coupable. (Fernand HUE, *Les Français à Madagascar*. Alcide Picard et Kaan.)

(2) Il ne faut pas oublier, parmi les curiosités de la flore malgache, la sensitive dont les feuilles se replient sur elles-mêmes au plus léger contact, le « laget à dentelle » (*daphne lagetto*), arbrisseau singulier de la famille des thymélées, dont on mange la racine et dont la feuille, qui a environ quatorze pouces de long, ressemble à une broderie. Dans les marais, sur la côte orientale, on trouve une autre plante curieuse, ayant au bout de chacune de ses feuilles un long filament auquel est suspendue une excroissance semblable à un pot muni d'un couvercle. (Ch. SIMOND, *Madagascar*.)

l'ébène, le bois de rose, le bambou, l'arbre à caoutchouc, et d'autres. Les arbres, trop serrés, poussent en hauteur, et, sous les voûtes sombres de leur feuillage, s'attachent des lianes puissantes, viennent des fougères arborescentes et des palmiers nains. Les arbres gigantesques, les ruisseaux, les cascades, un silence mystérieux font de cette région une merveilleuse forêt. De temps en temps apparaît une clairière où les indigènes fixent leurs cases et créent un village (1).

Eug. CAUSTIER.

(1) « J'ai vu bien des forêts tropicales, je n'en ai jamais vu d'aussi jolies que celles de Madagascar. Les arbres de haute futaie y sont admirables et assez clairsemés pour qu'on puisse les bien voir. Le sous-bois se compose de fougères arborescentes, de ravenals, l'arbre dont les natifs se servent pour couvrir les maisons, de raphias et d'une foule d'autres plantes dont je ne connais que les noms malgaches. Sur la côte d'Afrique et dans les forêts de la Cochinchine, on est à chaque instant arrêté par des massifs de bambous épineux ou de ces arbustes que les Anglais appellent des *wait a bit Thorns* (épines attends-moi), qui offrent des obstacles presque infranchissables. Il y en a très peu à Madagascar. Quand nous en trouvions, avec son sabre d'abatage, le sergent coupait une ou deux branches, si bien choisies qu'une porte semblait s'ouvrir dans le mur végétal; nous vîmes sept ou huit maquis, ces jolis singes de Madagascar qui ont de longs poils et des têtes de chien; ils se tenaient tout en haut de grands arbres morts, debout sur une branche, se chauffant au soleil, en étendant leurs bras en croix. » (Baron DE MANDAT-GRANCEY, *Souvenir de la côte d'Afrique*. Librairie Plon.)

PIROGUE A BALANCIER.

www.ingramcontent.com/pod-product-compliance
Lightning Source LLC
Chambersburg PA
CBHW060604050426
42451CB00011B/2070